Mon doudou si doux

Une histoire d'Emmanuel Parmentier,
illustrée par Alain Mathiot

Il est si doux, mon doudou. Depuis tout petit, il m'accompagne partout. Nous sommes inséparables.

Jamais je ne pourrai l'abandonner.

Parfois, la nuit, dans mon lit, j'ai peur du noir.

Et du silence autour, qui fait bien plus peur que le bruit.

Mais il est là, mon doudou, à côté de moi.

Alors, je le serre contre moi, et je n'ai plus peur.

Des fois aussi,
quand je fais le fou,
il m'arrive de tomber.

Et j'ai le genou
ou le coude tout égratigné,
ça fait mal.

Mais il est là,
mon doudou,
pour me rappeler
que ce n'est pas grave.

Lui aussi, il est tombé,
mais il ne se plaint pas.

Mais voilà, maman,
mon doudou, elle dit
que ce n'est plus un doudou.
Elle dit qu'il ressemble plus
à un chiffon qu'à un doudou.

C'est vrai qu'avec les années,
il a perdu un œil,
un bras et une grande partie
de son pelage.
Il a de la mousse qui dépasse
un peu partout.

Elle n'arrête pas de me répéter
qu'elle peut m'en racheter
un tout neuf.

Mais moi, je m'en fiche
d'un doudou tout neuf,
parce que mon doudou,
il n'est peut-être plus très beau,
mais avec le temps,
il est de plus en plus doux.

Maman, des fois, elle insiste tellement
que j'ai peur qu'elle me sépare de mon doudou.
Qu'elle profite de mon sommeil pour le jeter.

Des fois, j'ai si peu confiance qu'il m'arrive de le cacher.

Maman, mon doudou, elle n'aura pas eu à le jeter.
C'est moi qui vais nous faire nous séparer.

Alors qu'on part en vacances
au bord de la mer,
et que je réfléchis à comment
on construit un château
de sable, je l'oublie
sur une aire d'autoroute.

Je me suis lavé
les mains après avoir
fait pipi, et je l'ai laissé
sur le lavabo.

Quand je m'en rends compte, on est déjà loin.
Je pleure si fort que papa décide de faire demi-tour.

Mais c'est trop tard : quand on arrive,
mon doudou n'est plus sur le lavabo.

On le cherche
dans toute la station-service,
mais mon doudou a disparu.

Je pleure comme une fontaine,
je suis inconsolable.
Il me manque déjà tellement,
mon doudou !

Et puis papa, il voit dans les rayons un doudou
qui ressemble à mon doudou, à quand il avait encore
ses deux yeux, ses deux bras et tout son pelage.
Il l'achète et il me le donne. Il me dit :
— C'est presque le même...

Mais non, ce n'est pas le même,
moi je reveux mon vieux doudou.
Je le jette par terre.

Et puis je le regarde et je vois ses yeux tout tristes.
Ses yeux de doudou qui ne demandent
qu'à trouver un petit garçon ou une petite fille
pour l'emmener partout.

Alors, je le prends quand même. Je lui dis :
— Allez, viens, mon doudou.

Et dans la voiture, en direction de la mer,
je le serre contre moi. Je lui raconte l'histoire
que je viens de vivre.
Et il me semble déjà beaucoup plus doux...

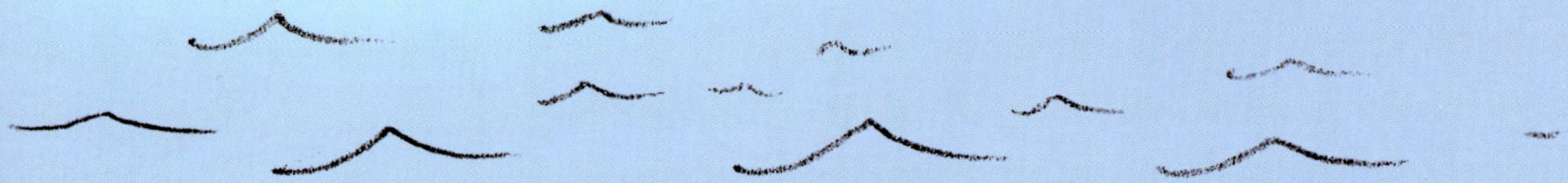

Des mêmes auteurs chez Grrr...Art Éditions :

C'est quoi un bon livre ? - album illustré - 2009

Plus d'informations sur Internet :

http://grrrart.free.fr